BAATEIN

SOME FEELINGS WERE NEVER MEANT TO BE SPOKEN

BAATEIN

RISHABH SHEKHAWAT

BAATEIN

First Edition: 2026

Author: Rishabh Shekhawat

Note on Language:(Hinglish)

A Note to the Readers

This collection of poetry, "BAATEIN", is
written in Hinglish
—a blend of Hindi and English. The
emotions expressed in these pages are in Hinglish.
To stay true to the way we speak, think, and feel
in today's world,
I have chosen a conversational style that
combines the soul of
Hindi with the ease of English.

I hope these words find a home in your heart,

just as they did in mine.

— Rishabh Shekhawat

These aren't just words they're pieces of heart

that couldn't stay silent.

Not every story is told...
some are just felt.

Don’t Settle for Less.

Enjoy…

BAATEIN

Mhkte hai Gulab bade gurur se
Unki tarah koi mahak paye toh bataye

Dilchaspi dilo ki safar janatee dekhne me hai
Koi unka dedaar kra paye toh bataye

Jante hai dur bite hue lambhe bhi
Koi unki yaadein bhula paye toh bataye

Ghumti hai hawayein dar badar bhatakti hui
Unki khushboo laa paye toh bataye.

Soo jau thak kar "Saja Hasi Khawab tera jo,

Ek raat

Batayi baatein bhula jau Har raaj

Nashe nashe me jata jau haar baat

Tumhe jee bhar dekhne ka Naseeb jo mile

Ek raat

Meri teri baatein khatm ho ya suru hi na ho

Aakho me hi kh jau Ek raat

Tum suno toh Ek raat.

НА ТUМ

BAATEIN

Utar di vo baatein panno pe

Jo kahi na gayi humse

Diye zakhm fir bhi mare na gaye tumse

Ye khawaish, ye sapne sab be buniyad

Chhoro ye sab...

Ek shakhs tak toh dil se utara na gaya humse

Kehte hain koi baatein kari jaye

Toh sulajh jaye gum saare

Khawaab aaye tere toh utaar jaye nashe saare

Aur... kya chahte ho?

Ek masla tak toh suljha na gaya tumse

Roz roz sapno me mere aana tera

Muh fer bina bataye jana tera

Hum? Hum kaha bole... **(HA TUM)**

Tum kitne pyaari ho kaha tak toh gaya na humse

Ek shakhs tk toh dil se utara gaya na humse.

(: Jo gyaa "Behisaab" tha

Jo aayega vo "Beshumar" hoga.

BAATEIN

Khuch khna ", Ab baki hai kya ?

Teri baatein", Ab baki hai kya ?

Or yun toh khuda ne baate nhi

Doo jaha iss hasi kaynat me

Chal Chhod..

Chnd ghadi jo ruk kar dekha tujhe

Ab baki hai kya ?.

Hum rahe na rahe

Tum toh rhonge.

BAATEIN

Intejar kaha gye

K humsafar toh koi or hi hai ab

Meri yaadein kaha gyi

K baaton me toh koi or hi hai ab

Or hum tumhe kabhi Kh hi naa sake

Hal-e- dil ke be-had chahatein hai tumhe

K aakhon mein toh tumhari koi or hi hai ab.

Teri aankhein meri dushman ban bethi hai

Ye Khawaishe tumhe har roj nikharne ki
Itne bawal kar bethi hai

Na jane kese aakhein hai teri
Mujhe La-shaoor kar bethi hai.

BAATEIN

Tabiyat meri sudhari nhi
Teri baatein mere dil se utarti nhi
Log puchte hai, kya raaz ya ishq hai iss juban me
Ya nafarat kisi se jo ye khuch padhti hai toh rukti nhi
Naksha dekhne pe shi rasto ko pta nhi chlta
Chlta hai bas rasto ka pta un rasto me Manzil milti nhi
Kyu tu itni jaruri hai
Kyu mai apni hi baato pe khfa hu
Rhti hai shanti kbhi or kbhi nhi fir bhi
na jane halat meri sudhari nhi
Krte hai kosish sambhal jane ki
Kyu smj aati baatein meri deri se kisi ko
Kyu hi padhta hu Ajeeb khaniya mai

Smjhau toh samj aati nhi or kya smjhau
Meri baatein kisi se banti nhi

TU mere dil se utarti nhi
Or tbiyat meri sudharti nhi.

Kabhi jaanu halat meri waqt mile toh
Kbhi manu dil ki bhi jemee mere ghate toh.

BAATEIN

Baat baat se baatein Banana or
Bana bna kar mujhe batana
Suno ye sab baatein thek nhi

Baatein khuch suni sunayi
Khojbin na kri, na karai
Jaan fek alfaj sambhal
Ye sab suni sunana thek nhi.

...

NAKHARE

BAATEIN

Mai thak gya hu kr krke Sajde tere

Jaan jaye ye jahan jaye

'Or upr se ye nakhre tere .

Julfen hata aakhein teri yun dikhne de

Baatein teri, aakhein teri ,khuch sunaye kisse tere

Smbhal hi rha tha dil zara ,

"Or Upr se naqsh tere .

Mai jaan gya hu duao mai wajan na hona tera

Likhi khuch cheze jese pani pe gyi ho

Maan gya hu khuch baatein jese

Nashib me na aana tera

Hat jau dur zara sa ,

"Or upr se ye Noor tera.

Khak barabar baat khudha ki

mere sapno me bhi na aana tera

Mu fer paas beth

"Or upar se ye gussa tera.

Hasil nhi Mohobbatein kisi ko

Marna tak Muyassar nhi kisi ko.

Kbhi aao betho pass kro khuch guftu mujhse
Kyu tum ruthi ruthi rhti ho(2)
Kaho toh sabab mujhse

Kya gam ya, mai hi wajah
Kbhi aao betho paas Kaho khuch mujhese.

BAATEIN

Mene fakat kab chaha ki vo shaks mera ho jaye
Chahta toh bol hi deta baatein dilo ki
Bhale hi Kyu na fir ruthna manana ho jaye

Usne kaha ' kbhi nhi , kbhi ha bhi nhi
Bhula kr aage dekhu
Kyu na fir safar suhana ho jaye.

Naseeb naseeb walo ki baatein hai

Hamare naseeb mai kaha.

BAATEIN

Aap aapko kaha smjhe fir

Hum toh aap me hi rhe

Itni der nihara aapko

Par aapko

Aapko toh aadat hogi na yun itrane ki

Itni khubsurat jo hai

Aadat hogi na Dil todte jane ki.

Dekhte hue khudh ko bada khush hua tha

Lga ki ab toh khuch kar betha hu

Or fir yaad ki kisi ne kaha tha

Tumhe jindagi me sab mile bas pyar nhi

Na mile koi jisko dekho tum pyar se

Sb mile.

Na pyar mile

Na mile humsafar

Na mile mohobbat.

BAATEIN

Kisi ko chen nhi hai mai pas khda hu

Kisi ko gurur itna ki

samne uske tufan khda hai

Kisi ko vishwas nhi mujhe pr zara sa

Kisi ko atbaar itna ki samne har raaj khda hai.

NAZAR

BAATEIN

Badi choti lgti hogi na raatein

Pucho hum jeso se

“Jo soye toh neend nhi aati hai

Kyu bemtlb ki kahaniya hi mere hisse aati hai

Aakhir ye raat jagna jaruri toh nhi

Tere baare me sochna hi jaruri toh nhi

Na jane phir bhi kyu”

“Aakhein meri bhar hi aati hai

Jau toh nateje nikle kahi..

Mujhe ye raaten badi lambi Nazar aati h

Kbhi kbhi ye baatein mere smj aati hai

Na jane ghumi hawayein kaha

Khushboo teri aai hi kaha

Tera sath mile toh ye jindagi khuch haseen
Nazar aati hai

Kya h tujhme esa ?",

Tere sath har cheez kya khub nazar aati h

Kbhi kbhi ye baatein mere smj aati h.

BAATEIN

Na jane ye waqt thamta kyu nhi

Ye Jijhak , Haya , Sharmana tumhara

Thamta kyu nhi

Pareshaniya diilo ki haar vo baatein hai

Fir na jane ye raat guzarti kyu nhi

Jkhm-e-marham takleefo ke mile hi na

Khair ye Jhagra

Ye jhagra hi hamara suljhata kyu nhi.

Pas betha koi hai " fir bhi chen nhi

Kisi ka dedar bhi sukoon de jata hai.

BAATEIN

Chalte rahengn silsile hamare bina bhi

Nind tuut jane se

Khawaab rukhte toh nhi

Rhati hongi chandini chand ke paas

Na bhi aaye zameen pr

Kayde kaynaat k

Badalte toh nhi.

Mai toh aaj bhi sab chupha betha" Teraa bata

Mene toh kaha juth

'Sab badiya hai" Tera bataa..

BAATEIN

Bol do baatein dilo ki

Kahi waqt bit na jaye

Kisi ko krte ho pasand

Kahi vo yaadon me hi rh na jaye

Gile sikwe kisi se, nipat jate hai

Alfaz doo, bol do, sulj jate hai

Bol do Kisi ko krte ho pasand

Kahi waqt bit na jaye.

Kbhi kbhi naseeb ke thukraye log

Shayariyo mai apna ghar bassaa lete hai.

BAATEIN

Tum milo toh baatein sunnie sunani bhi manjoor

Tum milo toh raatein jagni bhi manjoor

Milo toh rukhsat-e-dard

Aamad-e-bahar

Milo toh gulab bhi manjoor

Kaate bhi manjoor

Manjoor sard hawayein

Fir aap chahe jitne nakhre dikhye

Tum Milo toh har baat manjoor.

Jodiya toh upar wala banata hai kaha jata hai
Fir ye puche bin kisi ko kisika kaha jata hai

Ye baatein sab ke kyu nhi aati samajh
Bin bataye kisi ka pyar kisi se salb liya jata hai

Den len ki baat kra kr
Rishton ka Soda kiya jata hai
Bin puche, bin bataye, kisi ko,
Kisi ka bataya jata hai.

BAATEIN

Diware mujhe be rang kyu dikhti hai kai

Le hi gya rang kahi koi

Sochte hai loog kitaboo ke

Panne hote hai kyu khali kai

Usme Khawab sajaaye hote hai kisi ne kai.

Jo jindagi se haar gaye hai ye unke liye

Mai haar gya hu kahi kisi see kitne hi dafa
Kisi na kisi se itni hi dafa
Jitne mai sbhalna mumkin nhi

Thak gya hu jod jod tukde
Har roj naye pathar aate hai
Ki sbhalna mumkin nhi.

BAATEIN

Tum rutho toh aata hai mujhe manana

Kbhi gajra toh kbhi apni pasand se jhumke le aana

Tum kaho toh shi

Haa, Aata hai mujhe payal pahnana

Or kro atbaar

Tum do toh hath zara sa

Aata hai mujhe chlte jana

Ha, Aata hai mujhe jhumke smjhana

Tere liye gulab lana

Teri aakho me dub jana

Tere aage baatein banana

Tere hath tham chalte jana

Tum dekho toh aata hai mujhe manana.

Khte ho aaoge kab aaoge

Aaoge bhi ya hum rah dekhe toh

Kasak waqt deta hai Hasrate ghatti nhi.

BAATEIN

Jindagi jeena aasa nhi kisi ka

Kisi ka milna, kisi se mushkil hai

Mushkil hai kisi ki ek jhalak dikh jana

Raah dekhna kisi ki Mushkil hai.

Waqt kya hai
Ek tarika sochne ka ya Krne ka vo kam pure
Jo leke bethe hai jo jindagi beet bhi jaye
Toh pure na ho
Kaha jaye toh Tarika hai jeene ka
Orr marna bhi toh ise me hai

Kbhi kbhi khuch khne me waqt beet jata hai
Or shayad fir waqt tareeka hai
Sametne ka un yaadgaar lambho ko

Waqt se log samjhte hai talukaat bante hai
Pr talukaat ko nibhane se bante hai
Ye kisi Waqt ke mohtaaj nhi hote.

BAATEIN

Hum toh Duur se dekh ke hi jee bharte hai

Ye bina matlab picha krne wale

Behuda batao ko pyar khne wale

Inhc kya pta

Kisi ko nazar bhar dekhna kya chez hai

Inhe kya pta

Kya chez hai mohobbat

Kisi se ek mulakat kya chez hai

Kya chez hai un se darna

Batao mai aatak jana kya chez hai

Inhe kya pta

Mohobbat kya chez hai.

Aate nhi apne tak puchne haal

Khuch loog mile aaj hi sath betha lete hai.

BAATEIN

Na jane kese baatein hai ye teri meri

Lad bhi or sulaj bhi lete h

Koi bol de khuch toh pasand aata nhi tumhe

Haq jatana bhi aata nhi tumhe

Maan hii leta hu mai toh sab

Bina sawal jawab ke

Bas pyar dikhana aata nhi tumhe

Itni masum ho

Krti ho pasand toh

Bol pana tak aata nhi tumhe.

MUSHKILE

BAATEIN

Muskil se milte hai vo log jinhe aapki

Khamiyo me bhi khubsurati Nazar aaye

Muskil se milte hai vo

Jo aapko,srif aapko pasanad kar paye

Mela laga hai amber bhi saja hai

Bikte hai jism yaha kodiyo ke bhav

Milte nhi toh bas vo jo sach me

Jeena sikha paye

Milna uska jo bina matlab bacho sa ishq kar paye

Mushkil se milte hai vo log

Jo bina baat sath nibha paye

Milte hai muskil se vo log jo aapko sement paye.

Khte kyu nhi nafrat hai mujhese

Hassen chahere or bhi hai jahan mai

Kya krte ho pyar mujhse

Bolte toh bolte kyu nhi

Ye kese baatein hai

Na pasand hu mai

Na nafrat hai mujhse.

Pasand krte hai tumhe

Tumhe bataya jaye jaruri toh nhi.

Aakhein dekhna bhi gunha hai

Yaha shidaat see mangne walo koo

Khudha nhi milta.

BAATEIN

Kya hu mai tumhare liye

Kya batau kya ho tum mere liye
Meri subh ki phli baat ho tum
Meri nindo me aane wala Khwab ho tum
Jo lambha mai rok dena chahu, waqt ho tum

Karti ho itne nakhre kya Baadal ho tum
Mujhe toh aata nhi jatana kyaa ho tum

Ho mere liye barsaat jo
Baras jao toh ghat jaye gam ye mere
Ho ek kitaab mai
Padh lu toh tham jaye pal ye mere

Kahi pariyo se kam bhi nhi tum

Kahi har baat me ho tum

Jhalakti hai nadaniya tujhme

Mere liye toh Khwab ho tum

Kya batau kya ho tum.

BAATEIN

Bazaro me nhi milte khayal uske
Milte hai jaha
Vaha jane ka rasta bhi nhi milta

Utha dete hai kambakht loog
Khawab dekh liye uske
Pta bhi nhi padta.

Tumhe jee bhar dekhu ya
Dekhau tumhe aayena

Pas bethu tumhare
Ya banau koi bahana

Jaruri nhi kisi ko yaad krne ki koi wajah ho
Jaruri nhi kyu ki koi wajah ho

Krte hai isqh krne wale isqh me nadaniya
Jaruri nhi pasand kisi ko krne ki koi wajah ho.

Milte rhenge tumse

Paas aane se toh rok liya

Duniya-e-tasavvur see rok paogi.

Chali jaogi tum

Naa wasl ki raat aayegi fir

Chali jaogi jo tum

Meri zindagi chal na payegi fir.

BAATEIN

Khawabo se dil nhi bharta

Ab tumhe sach me dekhne ko jee chahta hai

Bharta nhi dil mera

Tere sath bethne ko jee chahta hai

Krta hu kosish badi naa kru raatein kharab

Maan bharta hi nhi tumse,

Tumhe sab batane ko jee chahta hai.

Kbhi kbhi hum unhe pasand karte hai jisne
Hume kbhi pasand kiya hi nhi
Kbhi kbhi hum log jeena chor jeene lgte hai
Log baatein banaye ya afwa udaye
Hum toh bas unhi batao mai rhte hai
Ki logo ne kya kaha or kya kahenge
Jo log ye baatein chhod jeene lgte hai
Vo jeene lgte hai.

BAATEIN

Bewajah sataye hue khuch
Har baat ko ginwaye hue khuch
Jeete hai par jeeya bhi nhi jata inse

Nhi maante khudha main
Chahte hai maarna
Jeene ko jeena bhi chahte hai
Haare bethe hai apno se hi fir bhi
Bhaga bhi nhi jata natak baazo se

Karte hai dikhawa muskurane ka
Rote hai toh roya bhi nhi jata
Or Mara bhi nhi jata kayro se.

MOHABBAT

BAATEIN

Kya hai mohabbat tumhare liye ?

Khate ho kasme ,krte ho wade
Kya hai mohabbat tumhare liye ?

Tum khte ho chla jata hu chor tumhe
Dekho, dekha nhi jata rota hua tumhe
Khte ho krta nhi khayal mai tumahra
Sach Batao, Kya rkhta nhi dhyan mai tumahra

Sochta hu kahi kya thek ho tum
Sach khao kya krta nhi khayal mai tumhara

Darte ho tum mohabbat se
Puchte ho kya hai mohabbat mere liye ?

Tera hona hi mohabbat hai mere liye

Teri aankhein bhi mohabbat hai

Teri baatein bhi mohabbat hai mere liye.

BAATEIN

Dard-e-dil satate hai,

Hum tab tab khuch likh jate hai

Aate hai yaad jab jab,

Hum saja sapne soo jate hai tab tab

Bethte hai kareeb tere jab jab

Dhadakna band kar deta hai dil tab tab.

Ghulam hai teri aakho ke hum

Tum Nazrein uthati ho or kam ho jate hai.

Khuch nhi bas tum aao hisse mere
Kya karunga doo jahano ka mai

Mangnc ka agar mile moka
Har baar tumhe hi mange jaunga mai

Khuch nhi bas tum milo
Doo jahano me bhi kya khush ho paunga mai.

Mere isharon pe chla hai waqt bhi
Na-kamm baatein, kamiya ginwane aata hai
Ya baatein mujhe yun hi sunane aata hai

Yun kitne raatein bigha dii mene,
kon puchne aata hai
Hath laga koi khudh hi khudh bhi
Sath me sula chla jata hai

Cheekh utha doo sapno me hi, itna darata hai
Waqt hai ,kisi ko khuch,
Kisi ko khuch baana jata hai.

BAATEIN

Hume band darvajo see kya matlab tha
Kya matlab tha, bhale hi khule toh khule
Naa khule toh bhi kya matlab tha

Hath aa na jaye bich me
Kisi ko us se kya matlab tha

Hume kisi se, kis ko hum se, kya matlab tha.

Harzana dena, raatein teri yaadon ki bhi
Mukammal jahan, jaana tere sath
Kyaa galti thi meri khwahisho ki bhi.

Mene smjha tha tere bina"
'Guzzar jaye Hayat-e-noorani

Hosh aaye mujhe toh"
'Hasrat-e-deedar tera

Gawaa bethu toh Soch-e-nadani.
Bina uthe hi guzar jaye Hayat-e-noorani.

Milne aate nhi kaahil bade hai
Baagh , Bhagiche mehak jate hai

Jab jaate hai kahi dudhne kisi ko
Chupa lete hai ye itne mehaktein hai

Mehaktein hai phool duniya bhar ke waha
Bas jinse milne jao vo masroof bade hai.

BAATEIN

Sawalo me muskile badi hai,

Jawab dene walo ko aasani kaha

Kaha aasani manane walo ko

Jasbaato ko jatane me muskile badi hai,

Izhaar krne walo ko aasani kaha.

Kar lu duniya hasil, iss se bhala kya hoga

Chale jayenge jaane wale Dard-e-hayat,

Kasak rh jaye, Iss se bhala kya hoga.

BAATEIN

Sawal chor diye hai kai panno pe mene
Sochna lajmi hai baatein kai

Dekho gour se, jaha likha tumhara naam hai
Yaa zikr kiye gye kisse kai
Kyu Kai baar dekh jate ho yun hi logo me kai.

Rhnedo bakaya baatein hamari
Khushkismati kaha naseeb me

Palat do ya rhnedo
Kh do ya jaane do raaj hamare

Jala do ya sahej lo khat hamare.

Gaye toh thee kaam hi see khuch

Raste me dekh liya hai unko, Ae mere yaaro

Ab lao Sharab, Zara pilao, Mere yaaro.

DOOSRI DUNIYA

BAATEIN

Mil mujhe doosri duniya me
Is duniya me tujhse mil pana mumkin nhi
Ek nhi, hazaro jahan hai,
Pr dekhta hu kahi bhi
Tera mil pana mumkin nhi.

Taaqati baatein na krke,
Hum khudh sulajhna chahte hai
Riyasatein lagi hai dav pe,
Hum bhi badalna chahte hai

Kheloge toh jaan jaoge
Kyu hamara ye khel pana mumkin nhi
Mana hi leta har baat ka jashn
Mere hisse tera aa pana tk mumkin nhi

Mumkin nhi tere hatho se khana
Sath beth pana bhi mumkin nhi

Mil mujhe doosri duniya me
Is duniya me tujhse mil pana mumkin nhi.

BAATEIN

Every line has a story of its own,

Every word holds a thought that once found a home

in the heart.

No line here is empty, no sentence without meaning

These aren't just words on paper,

They are words that bleed on paper.

— Between these lines,

A thousand unspoken words still breathe.

-

RISHABH SHEKHAWAT

Thank You for Reading

Thank you for taking the time

To read this book.

Your support means more than words can express.

I hope these pages gave you

something to feel,

something to remember.

—RISHABH SHEKHAWAT

ABOUT THE AUTHOR

Rishabh Shekhawat, is an emerging writer and a student, known for his simple yet deeply relatable writing style. His words are not complex, yet they carry emotions that connect directly with the heart. He believes that writing is not just about words, but about expressing what often remains unspoken.

Through his poetry, he attempts to capture the emotions of everyday life—feelings that people experience but may not always be able to put into words.

Sometimes these thoughts remain unspoken, and sometimes, they find their way into shayari.

Connect with the author:

Instagram: @rishabhhshekhawat

...

…

www.ingramcontent.com/pod-product-compliance
Lightning Source LLC
LaVergne TN
LVHW100327210926
848480LV00003B/1285
* 9 7 9 8 9 0 4 7 9 1 0 8 7 *